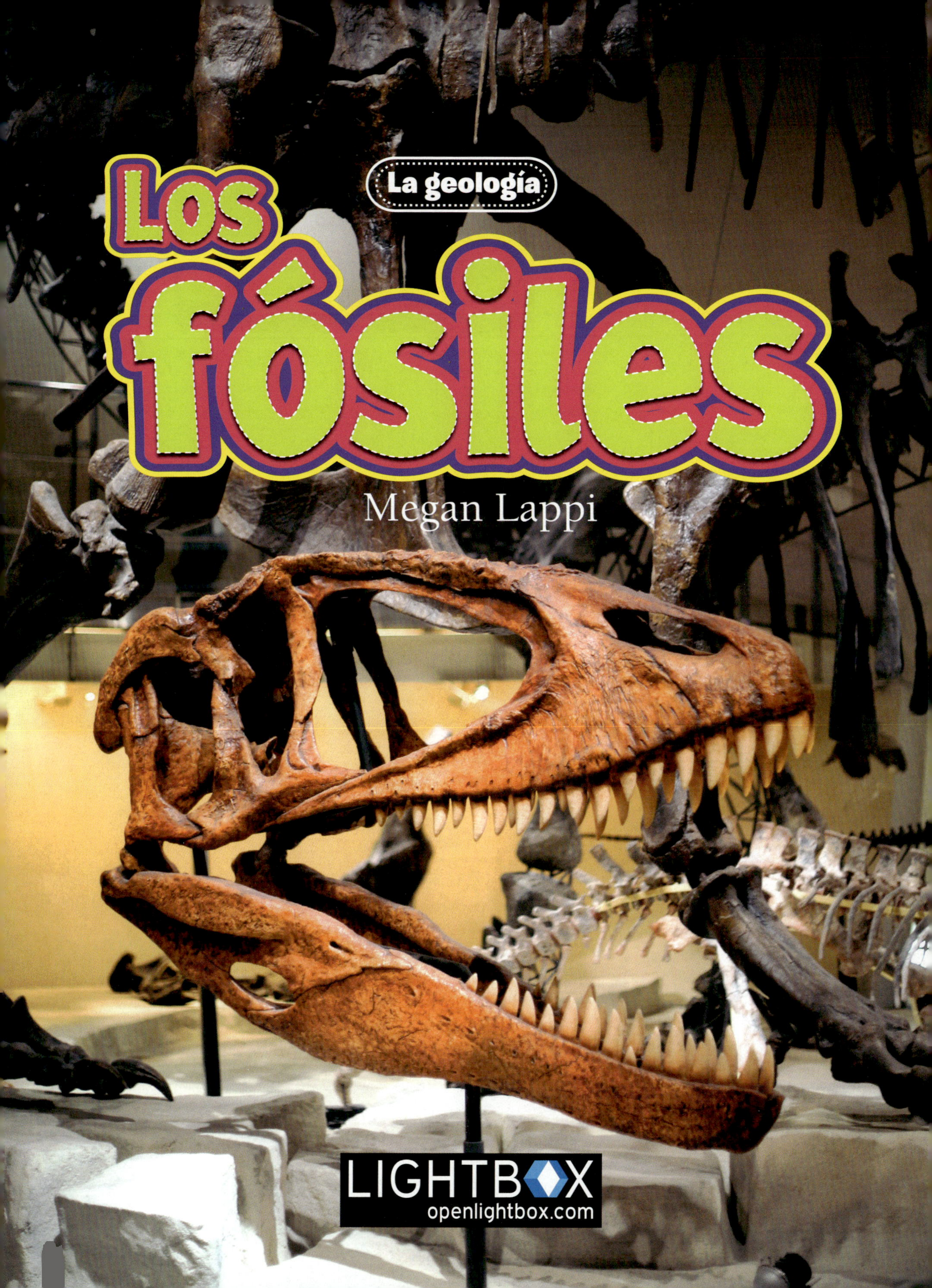
La geología
Los fósiles
Megan Lappi
LIGHTBOX
openlightbox.com

Entre a
www.openlightbox.com
e ingrese el código único
de este libro.

CÓDIGO DE ACCESO

LBXT6233

Lightbox es una completa solución digital para enseñar y aprender temas curriculares de una manera original e innovadora. Lightbox se basa en las Normas Curriculares Nacionales.

CARACTERÍSTICAS ESTÁNDAR DE LIGHTBOX

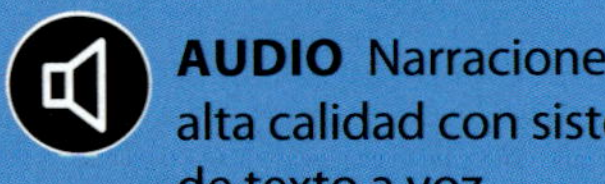
AUDIO Narraciones de alta calidad con sistema de texto a voz

ACTIVIDADES PDFs imprimibles que pueden enviarse por correo electrónico y calificarse

PRESENTACIÓN EN DIAPOSITIVAS Ilustraciones gráficas de los conceptos clave

VIDEOS Videoclips de alta definición incorporados

ENLACES WEB Enlaces cuidadosamente seleccionados con recursos seguros para niños

TRANSPARENCIAS Capas paso a paso de mapas, diagramas, cuadros y cronologías

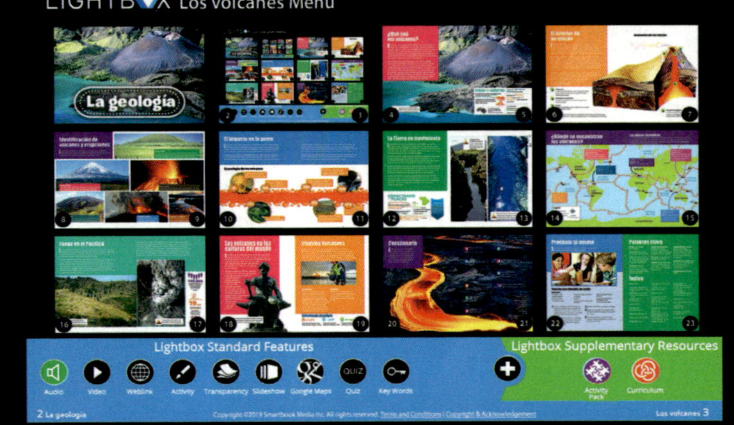

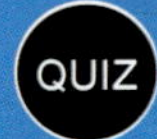
MAPAS INTERACTIVOS Mapas interactivos e imágenes satelitales aéreas

CUESTIONARIOS Diez preguntas de elección multiple con puntaje automático que se envían por correo electrónico al docente para su evaluación

PALABRAS CLAVE Combinación de los conceptos clave con sus definiciones

Contenidos

¿Qué son los fósiles?

Los fósiles son restos petrificados de antiguos animales y plantas. Un fósil puede ser una parte dura de un animal, como un caparazón, hueso o diente. También puede ser una huella que quedó marcada en el lodo.

Los fósiles suelen encontrarse en la roca sedimentaria, un tipo de roca compuesta por capas de **sedimento**. A lo largo de millones de años, la roca sedimentaria se acumula dejando enterrados a los fósiles. La palabra "fósil" proviene del latín *fossilis*, que significa "desenterrado".

Durante 3.000 millones de años, la Tierra estuvo poblada por millones de **especies** vegetales y animales. Muchas de estas especies, como los dinosaurios, ya son especies **extintas**. Los científicos estudian los fósiles para aprender sobre las criaturas y plantas que vivieron en el pasado. Estudiando los fósiles, los científicos pueden saber cuándo y cómo vivían estas plantas y animales. Sin embargo, hay especies de las que no se encontraron fósiles. Es posible que los científicos nunca encuentren fósiles de algunos tipos de plantas y animales.

Los amonites eran animales con caparazón parecidos a los calamares. Sus fósiles son unos de los más conocidos y comunes del mundo.

HUESOS DE LA ANTIGÜEDAD

En **todos los continentes** se han descubierto fósiles de **dinosaurios**.

El fósil de tiburón **más grande**, llamado **megalodonte**, medía **45 pies** (14 metros) de largo.

Cada **siete semanas**, se nombra un nuevo tipo de **dinosaurio.**

En **Colombia**, América del Sur, se hallaron fósiles de una **serpiente gigante** que existió hace 58 millones de años. Medía más de **40 pies** (12 m) de largo y pesaba más de **1 tonelada** (0,9 toneladas métricas).

Cómo se forman los fósiles

La mayoría de los animales y las plantas no se convierten en fósiles. Muchos de ellos se descomponen, o pudren. Los **carroñeros** comen a otros. Si las plantas y los animales no se descomponen y no se comen, pueden convertirse en fósiles de diferentes maneras.

A veces, un animal antiguo puede quedar atrapado en el hielo y congelarse. Cuando el hielo se derrite miles o millones de años más tarde, aparece el cuerpo y se lo descubre. Otras veces, un animal muere en un lugar caluroso y seco. Su cuerpo pierde rápidamente el agua de su interior. Esta pérdida de agua, junto con otros cambios que se producen, crean un fósil.

Un fósil también se puede formar cuando una planta o el cuerpo de un animal muerto se cubre de lodo o arena. Con el tiempo, el sedimento cubre el cuerpo o la planta. El peso del sedimento oprime las partes más duras del cuerpo, convirtiéndolas en piedra. Después de miles de años, estas partes se convierten en fósiles.

Una de las formas más comunes en que se forman los fósiles está relacionada con los **minerales**. Muchos de los fósiles descubiertos por los científicos se formaron de esta manera.

1. Un animal muere en un lugar donde no llegan los carroñeros.
2. El sedimento cubre el cuerpo. A veces, esto ocurre gradualmente. Otras veces, inundaciones llenas de sedimento lavan el cuerpo y lo cubren con una gruesa capa de tierra, rocas y otros materiales.
3. A lo largo de millones de años, se van acumulando más capas de sedimento sobre el cuerpo. Las partes del cuerpo se descomponen, incluidos los espacios dentro de los huesos. En estos espacios ingresan minerales y se endurecen. Lentamente, van reemplazando las partes del cuerpo. Estas partes se vuelven tan duras como una piedra.
4. La superficie terrestre se mueve, desplazando las capas de sedimento. El cuerpo fosilizado puede quedar expuesto.

La fosilización

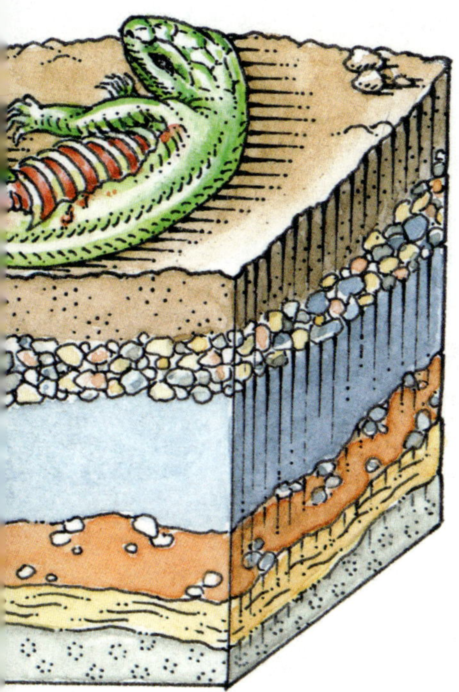

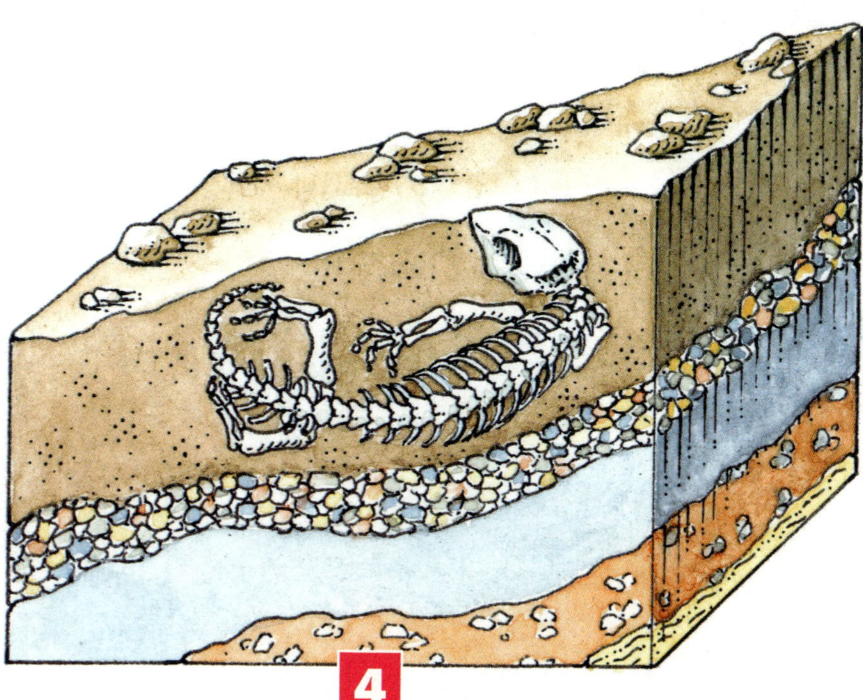

Identificación de los fósiles

Los científicos han dividido la historia de la Tierra en bloques de tiempo llamados eras. En cada era hubo diferentes tipos de animales. Los científicos pueden saber en qué era vivió un animal a partir de la capa rocosa que contiene sus fósiles. Los fósiles encontrados en las capas superiores son más jóvenes que los fósiles encontrados en las capas inferiores.

Era Proterozoica

- Comenzó hace 2.500 millones de años.
- Aparecen nuevos tipos de seres vivos.
- Se desarrollan los primeros animales con caparazón.

Era Mesozoica

- Comenzó hace 252 millones de años.
- Se desarrollan los primeros dinosaurios, aves y **mamíferos** a partir de formas de vida anteriores.
- La mayoría de los dinosaurios se extinguen al final de esta era.

Era Arcaica

- Comenzó hace 4.000 millones de años.
- En los océanos de la Tierra aparecen seres vivos compuestos por una **célula**.
- Comienzan a crecer algunas **algas** llamadas estromatolitos, que todavía hoy existen.

Era Paleozoica

- Comenzó hace 542 millones de años.
- Aparecen muchos tipos de animales oceánicos.
- Se desarrollan insectos, plantas acuáticas y reptiles.
- Al final de la era, muchos animales se extinguen.

Era Cenozoica

- Comenzó hace unos 65 millones de años y continúa hasta la actualidad.
- Aparecen muchos tipos nuevos de plantas.
- Durante esta era se desarrollan nuevos tipos de mamíferos, incluidos los seres humanos.

Los buscadores de fósiles

Los primeros huesos de dinosaurio fueron encontrados en la década de 1820 en Inglaterra. Al principio no sabían lo que habían descubierto. Pensaron que los huesos pertenecían a un lagarto extinto. Pero los científicos pronto se dieron cuenta de que esos huesos eran diferentes a los de cualquier otro animal.

Alguna vez debieron haber vivido en la Tierra criaturas que la gente no conocía. En 1842, el científico británico Sir Richard Owen llamó a estas criaturas "Dinosaurios". Esta palabra significa "lagartos terribles".

La cronología de los fósiles

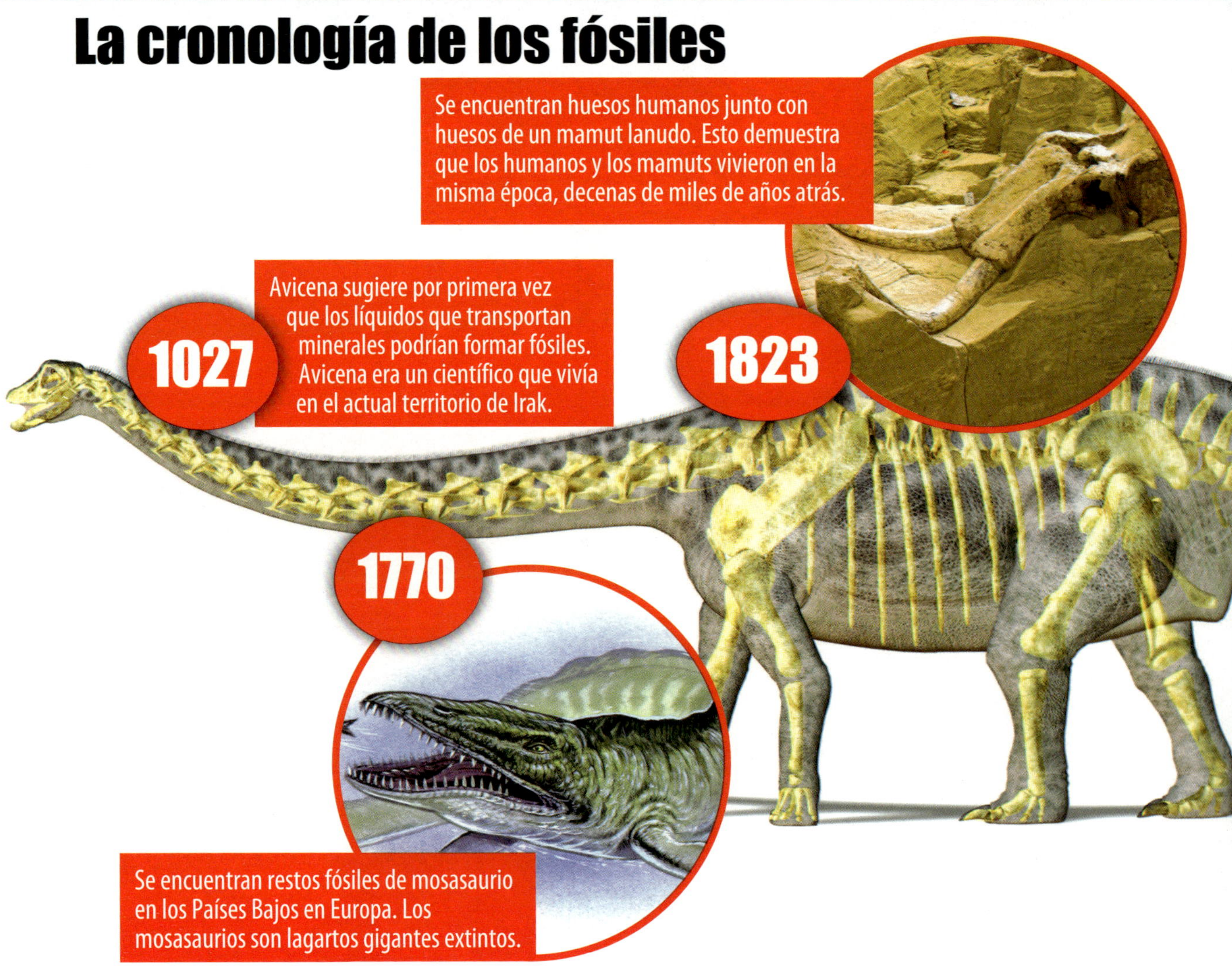

En la década de 1870, se descubrieron huesos de dinosaurios en Wyoming y Colorado. Dos hombres comenzaron a competir para ver quién encontraba más fósiles e identificaba más tipos de dinosaurios. Se llamaban Othniel Charles Marsh y Edward Drinker Cope. Su competencia se llamó la "Guerra de los huesos". Entre los dos descubrieron más de 130 especies de dinosaurios y miles de huesos. Antes y después de la Guerra de los huesos, hubo muchos otros científicos que también realizaron importantes descubrimientos de fósiles.

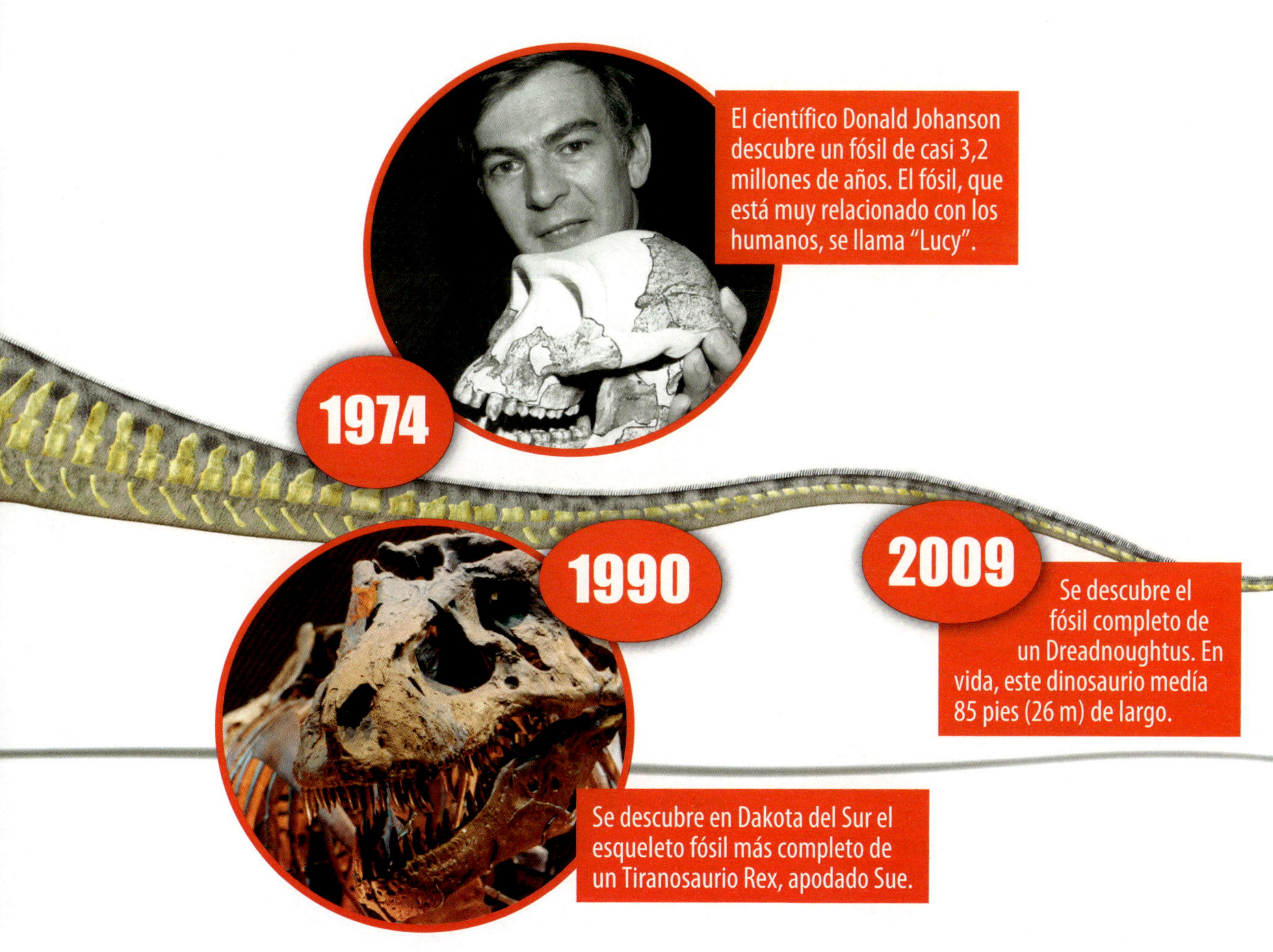

El científico Donald Johanson descubre un fósil de casi 3,2 millones de años. El fósil, que está muy relacionado con los humanos, se llama "Lucy".

Se descubre en Dakota del Sur el esqueleto fósil más completo de un Tiranosaurio Rex, apodado Sue.

Se descubre el fósil completo de un Dreadnoughtus. En vida, este dinosaurio medía 85 pies (26 m) de largo.

Tipos de fósiles

A veces, solo las partes duras de una planta o animal se convierten en fósil. Otras veces, se **preserva** toda la planta o animal. Así, los científicos pueden ver exactamente cómo era la planta o el animal cuando estaba vivo.

Hace millones de años, los pinos emanaban una savia pegajosa. A veces, un insecto o la semilla de una planta quedaban pegados en la savia. Con el tiempo, la savia se endureció y se convirtió en otro tipo de fósil llamado ámbar. El ámbar es amarillo y se parece al vidrio. Los científicos estudian trozos de ámbar con fósiles de insectos o semillas en su interior para saber en qué se diferencian esos insectos o semillas de los actuales.

También hubo animales que quedaron atrapados en pozos de alquitrán y murieron. Los pozos de alquitrán son lagos que contienen asfalto, el mismo material pegajoso que se utiliza para hacer carreteras. Con el tiempo, la piel y la carne de los animales se descompusieron, pero quedaron sus huesos y dientes. Se han descubierto esqueletos enteros en pozos de alquitrán.

Las huellas fósiles muestran la actividad de un animal. Las pisadas dejadas en el lodo son huellas fósiles. Es más común encontrar huellas fósiles que fósiles de un cuerpo entero. Un animal puede dejar miles de huellas. Las huellas fósiles pueden decirle al científico cuán rápido se movía un animal. También pueden revelar el tamaño del animal. Las huellas de un animal grande están más separadas y suelen ser más profundas, por el peso del animal. Las huellas de un animal pequeño están más juntas y no son tan profundas. Si se encuentran huellas de muchos animales juntas, los científicos saben que esos animales vivían en **manadas**.

Los fósiles de ámbar **más antiguos** tienen más de **100.000 años**.

Se han estado **encontrando fósiles** en los **Pozos de Alquitrán de La Brea** por más de **100 años**.

Las huellas de dinosaurio **más grandes** que se han descubierto miden casi **5 pies** (1,5 m) de ancho.

Los Pozos de Alquitrán de La Brea se encuentran en Los Ángeles. Allí se han descubierto más de 1 millón de especímenes de animales extintos, como felinos diente de sable y mastodontes.

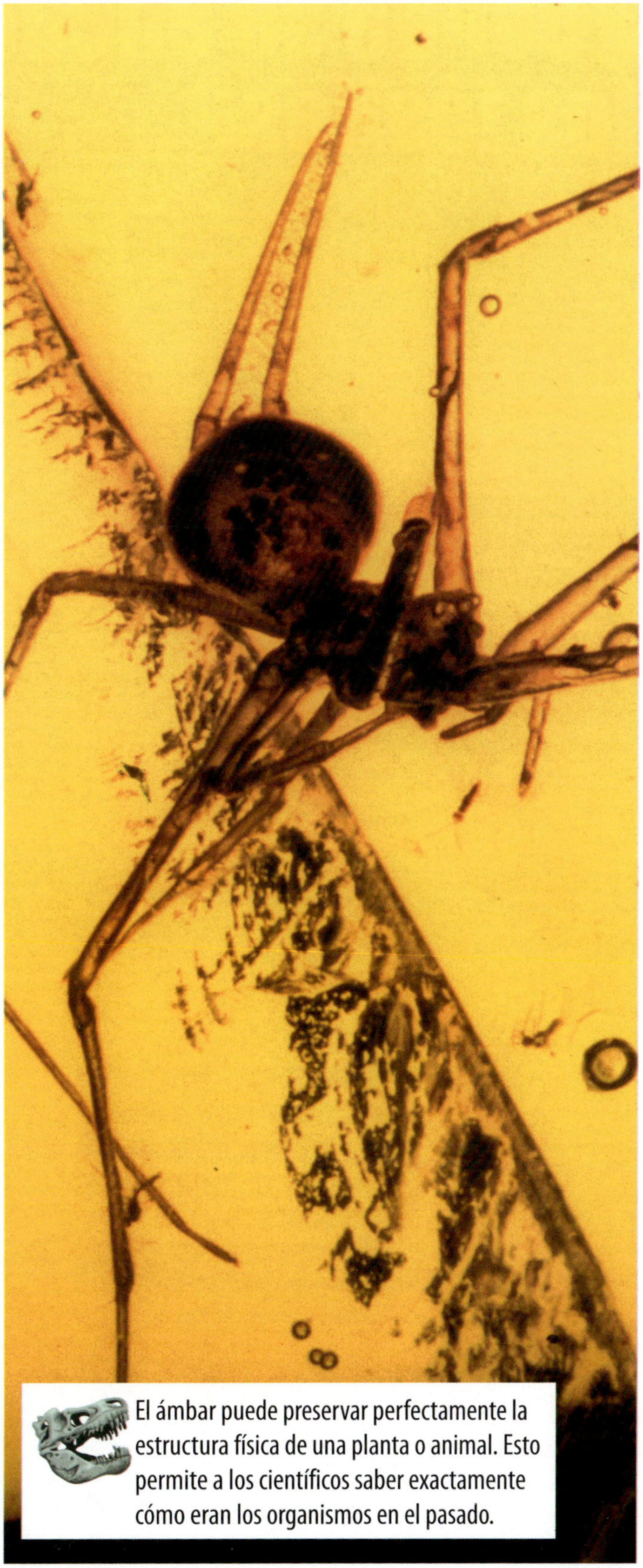

El ámbar puede preservar perfectamente la estructura física de una planta o animal. Esto permite a los científicos saber exactamente cómo eran los organismos en el pasado.

¿Dónde se encuentran los fósiles?

OCÉANO ÁRTICO

AMÉRICA DEL NORTE

Nombre: Esmilodonte
Ubicación: Los Ángeles, California
Dato: Este gran felino, de casi el doble del tamaño del león actual, se extinguió hace unos 11.000 años.

Nombre: Albertosaurio
Ubicación: Río Red Deer, Alberta, Canadá
Dato: Este gran dinosaurio carnívoro existió hace unos 75 millones de años.

OCÉANO ATLÁNTICO

OCÉANO PACÍFICO

AMÉRICA DEL SUR

Nombre: Titanosaurio
Ubicación: Patagonia, Argentina
Dato: Se descubrieron miles de huevos en Auca Mahuevo. Algunos contenían esqueletos completos de crías de Titanosaurio.

Leyenda

Descubrimiento fósil importante

Lugar de fósiles

Agua

Tierra

N O E S

620 Millas
0 1,000 Kilómetros

La geografía de los fósiles

Con el tiempo, el paisaje terrestre ha sufrido muchos cambios. A pesar del aumento y disminución del nivel de los océanos y el movimiento de los continentes, los fósiles continúan existiendo. Se pueden encontrar fósiles en diferentes entornos, desde los desiertos hasta las ciudades, en todas partes del mundo.

Preservación de los fósiles

Algunos científicos pasan muchos años buscando fósiles en todas partes del mundo. Cuando se descubre un fósil, los científicos y los equipos que trabajan con ellos lo sacan de la tierra. Desenterrar un fósil es difícil. Los miembros del equipo deben tener mucho cuidado de no dañarlo. Primero, usan herramientas para despejar la roca, arena y tierra que rodea al fósil. Luego, se toman fotografías y se hacen dibujos para mostrar dónde se encontró el fósil. Los científicos estudian estas imágenes más tarde.

Antes de trasladar los huesos fósiles, se los suele envolver con capas de tela embebidas en yeso. Cuando el yeso se endurece, protege al fósil para que no se dañe durante el transporte. Los huesos fósiles de un animal grande se rotulan para indicar a qué parte del cuerpo del animal pertenecen.

El yeso que se usa para transportar los fósiles, conocido como funda de campo, debe ser lo suficientemente fuerte para protegerlos pero fácil de remover en el laboratorio.

Generalmente, los fósiles se envían a un museo o universidad para estudiarlos. Allí, los científicos le quitan el yeso. Luego, usan pequeñas herramientas para quitarles los restos de roca o suelo que les haya quedado. Una vez removidos todos los restos, los huesos fósiles de un animal pueden juntarse para intentar armar el esqueleto entero.

Los huesos fósiles pueden ser muy pesados o pueden romperse fácilmente. Para proteger las piezas fósiles originales, a veces se pueden hacer copias. Las copias pueden usarse para estudio o exhibición. El esqueleto de Tiranosaurio Rex llamado Sue fue al Museo de Historia Natural de Chicago, Illinois. El equipo del museo pasó 30.000 horas limpiando y haciendo réplicas exactas de los 250 huesos y dientes del dinosaurio.

La cabeza de Sue, el esqueleto que se exhibe en el Museo de Historia Natural de Chicago, es una copia porque el cráneo original pesa 600 libras (272 kilogramos) y es demasiado pesado para exhibirlo junto con el resto del esqueleto.

42 PIES

Longitud del esqueleto del Tiranosaurio Rex Sue. (13 m)

67 millones de años atrás

Período en el que vivió Sue.

5 PIES

Longitud del cráneo de Sue. (1,5 m)

La piel del dinosaurio

Los científicos tienen información sobre cómo era la piel de algunos dinosaurios. Han encontrado impresiones fósiles de piel de dinosaurio. Estas impresiones fueron hechas en lodo o arcilla que luego se endureció. Algunas impresiones muestran rasgos similares a las plumas. Otras muestran una superficie pedregosa o una piel con bultitos que sobresalen.

Sin embargo, los científicos no tienen forma de saber de qué color era la piel de un dinosaurio. Algunos creen que los dinosaurios herbívoros podrían haber tenido diferentes patrones en la piel que los ayudara a **camuflarse** mientras comían en los bosques o praderas. A los **depredadores**, como el Tiranosaurio Rex, les habría sido más difícil encontrar a los herbívoros. Algunos científicos creen que los dinosaurios carnívoros tenían colores vivos para alejar a los depredadores o para encontrar a sus compañeros más fácilmente.

Para que puedan formarse las impresiones de piel, el lodo o la arcilla deben endurecerse antes de que la piel del animal se descomponga. En las huellas fosilizadas también se pueden encontrar impresiones de piel.

El estudio de los fósiles

Los científicos que buscan y estudian fósiles se llaman paleontólogos. Les interesa la ciencia. Los paleontólogos deben ser muy pacientes porque pueden pasar años haciendo trabajo de campo hasta descubrir un fósil importante. Los futuros paleontólogos estudian geología, biología, química, física y matemática en la universidad. Muchos hacen una licenciatura o doctorado.

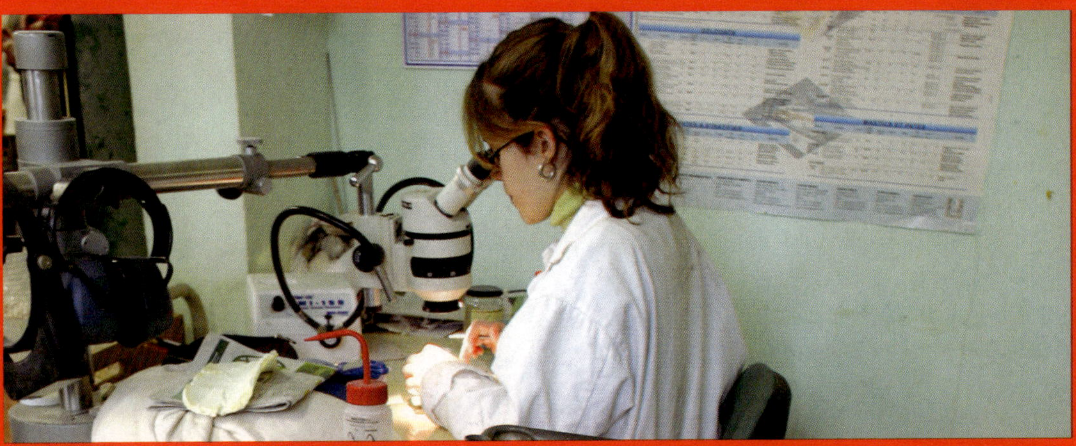

Herramientas

Los mapas geológicos muestran los tipos y edades de las rocas de la superficie terrestre. Ayudan a los paleontólogos a encontrar lugares donde puede haber fósiles. Los paleontólogos usan palas, picos y martillos neumáticos para remover los grandes pedazos de tierra y roca que rodean a un fósil. Luego, usan pequeños palillos dentales, cepillos de dientes y pinceles secos para limpiar el fósil.

Seguridad

Los paleontólogos suelen buscar fósiles en áreas remotas y climas severos. Usan computadoras tabletas u otros aparatos con sistema de posicionamiento global (GPS). Los paleontólogos necesitan llevar ropa adecuada al clima en el que están trabajando.

Descubrimientos de fósiles

65 toneladas

Peso del Dreadnoughtus, el dinosaurio terrestre más grande que se conoce. (59 toneladas métricas)

0,007 pulgadas

Tamaño del fósil más pequeño que se haya encontrado. (0,017 centímetros)

3.500 millones de años

Edad del fósil más antiguo que se haya encontrado.

Cuestionario

Ahora que has leído todo sobre el ciclo de las rocas, pon a prueba tus conocimientos respondiendo estas preguntas. Toda la información se encuentra en el texto que acabas de leer. Las respuestas se encuentran al final, a modo de referencia.

1 ¿Qué tipo de científico busca y estudia los fósiles?

2 ¿En qué era de la historia de la Tierra aparecieron los primeros dinosaurios?

3 ¿De qué está hecho el ámbar?

4 ¿Cuáles científicos compitieron en la "Guerra de los huesos"?

5 ¿Qué muestran las huellas fósiles?

6 ¿Cuándo se descubrieron los primeros huesos de dinosaurio?

7 ¿En qué tipo de roca se suelen encontrar los fósiles?

8 ¿Cómo se llama el tipo de tiburón fósil más grande?

9 ¿Cuál es el tamaño del fósil más pequeño que se haya encontrado?

10 ¿Qué significa “fósil” en latín?

Respuestas:

1. Paleontólogo
2. La era mesozoica
3. Savia de pino endurecida
4. Othniel Charles Marsh y Edward Drinker Cope
5. Las actividades de un animal
6. Durante la década de 1820
7. Roca sedimentaria
8. Megalodonte
9. 0,007 pulgadas (0,017 cm)
10. Desenterrado

Pruébalo tú mismo

Sigue estas instrucciones para crear tu propio fósil. Puedes hacer un fósil con algo tan simple como una hoja que encuentres en tu vecindario.

Crea una huella fósil

Materiales:

Agua	Hoja o caracol
Tierra	Cuchara
Balde pequeño	Molde de repostería

1 Con la cuchara, mezcla el agua y la tierra en el balde hasta formar un lodo espeso. Usa más tierra que agua.

2 Con cuidado, introduce una hoja o caracol en el lodo. Asegúrate de que quede oculto en el lodo.

3 Vuelca la mezcla en el molde de repostería.

4 Deja que el lodo se seque al sol.

5 Cuando el lodo esté seco, pártelo suavemente.

6 Observa la impresión del objeto que quedó en el lodo. ¿Puedes decir qué objeto es con solo mirar su impresión?

Palabras clave

algas: formas de vida similares a una planta compuestas por una o más células

camuflarse: ocultarse o disfrazarse

carroñeros: animales que se alimentan de animales muertos

célula: unidad más pequeña por la que están compuestos todos los seres vivos

depredadores: animales que cazan a otros animales como alimento

especies: grupos del mismo tipo de seres vivos cuyos miembros se reproducen entre sí

extintas: que han desaparecido de la Tierra

mamíferos: animales que tienen pelaje o piel y amamantan a sus crías

manadas: grupos de animales que viven y viajan juntos

minerales: materiales sólidos que se encuentran en la naturaleza y que no son plantas ni animales

preserva: no se descompone

sedimento: material de piedra o arena transportado por el agua, el viento o las capas de hielo

Índice

LIGHTBOX

RECURSOS COMPLEMENTARIOS

Haga clic en el signo ⊕ que se encuentra en la esquina inferior izquierda de cada hoja para abrir más recursos para docentes.

- Descargue e imprima los cuestionarios y actividades del libro
- Acceda a las correlaciones curriculares
- Explore otras aplicaciones web que optimizan la experiencia de Lightbox

TÍTULOS DIGITALES DE LIGHTBOX

Incluyen un paquete completo de medios integrados

VIDEOS

MAPAS INTERACTIVOS

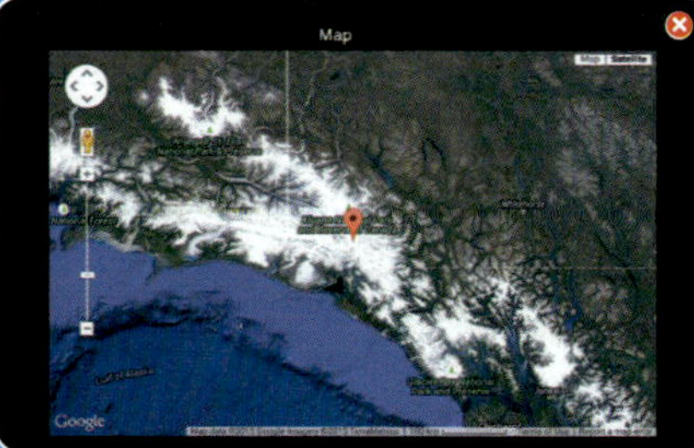

ENLACES WEB

PRESENTACIONES EN DIAPOSITIVAS

CUESTIONARIOS

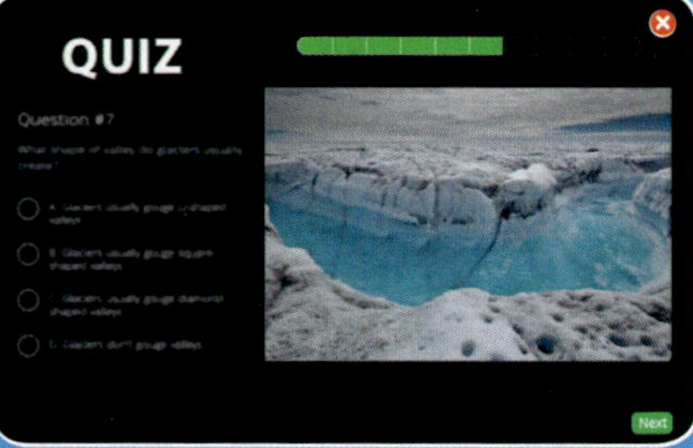

OPTIMIZADO PARA

- ✓ TABLETAS
- ✓ PIZARRAS ELECTRÓNICAS
- ✓ COMPUTADORAS
- ✓ ¡Y MUCHO MÁS!

Published by Smartbook Media, Inc.
350 5th Avenue, 59th Floor New York, NY 10118
Website: www.openlightbox.com

Spanish Project Coordinator: Sara Cucini
Spanish Editor: Translation Cloud LLC
Project Coordinator: Katie Gillespie
Designer: Mandy Christiansen

Library of Congress Control Number: 2017961899

ISBN 978-1-5105-3450-6 (hardcover)
ISBN 978-1-5105-3451-3 (multi-user ebook)

Printed in Brainerd, Minnesota, United States
1 2 3 4 5 6 7 8 9 0 22 21 20 19 18

022018
011518

Every reasonable effort has been made to trace ownership and to obtain permission to reprint copyright material. The publisher would be pleased to have any errors or omissions brought to its attention so that they may be corrected in subsequent printings.

The publisher acknowledges Alamy, Getty Images, and iStock as its primary image suppliers for this title.